A REPRODUÇÃO DAS JOANINHAS

Neide Simões de Mattos

Suzana Facchini Granato

Conforme a nova ortografia

Formato

FICHA CATALOGRÁFICA
Dados Internacionais de Catalogação na Publicação (CIP)
(Câmara Brasileira do Livro, SP, Brasil)

Mattos, Neide Simões de
A reprodução das joaninhas / Neide Simões de Mattos, Suzana Facchini Granato. — São Paulo : Formato Editorial, 2012.
ISBN 978-85-7208-769-8
ISBN 978-85-7208-770-4 (professor)
1. Joaninhas : Literatura infantojuvenil 2. Literatura infantojuvenil I. Granato, Suzana Facchini. II. Título.

12-01566 CDD-028.5

Índices para catálogo sistemático:

1. Joaninhas : Literatura infantil 028.5
2. Joaninhas : Literatura infantojuvenil 028.5

A REPRODUÇÃO DAS JOANINHAS

Gerente editorial **Rogério Carlos Gastaldo de Oliveira**
Editora-assistente **Andreia Pereira**
Auxiliares de serviços editoriais **Rute de Brito** e **Mari Tatiana Kumagai**
Estagiário **Daniel de Oliveira**
Preparação de texto **Tássia Gomes Santana**
Revisão **Pedro Cunha Jr.** e **Lilian Semenichin (coords.) / Tayra Afonso**
Pesquisa iconográfica **Cristina Akisino (coord.) / Márcia Alessandra Trindade Galvão**
Imagem de capa **N A Callow/Robert Harding/Latinstock**
Imagem de quarta capa (detalhe) **Chepko Danil Vitalevich/Shutterstock/Glowimages**

Projeto gráfico e diagramação **Arlete R. Braga**

Impressão e acabamento **Prol Editora Gráfica**

1ª edição
2ª tiragem, 2014

959996.001.002

As joaninhas são besourinhos muito comuns. São encontradas em campos, beiradas de mata, jardins e terrenos baldios.

Mary C. Legg/Keystone

Chepko Danil Vitalevich/Shutterstock/Glowimages

Juniors/Other Images - Brasil

ELAS TÊM FORMA ARREDONDADA E COLORIDO VIVO. AS COSTAS PODEM SER DE DIVERSAS CORES, LISAS OU COM PINTINHAS.

ARCO/J. Meul/Keystone

AS JOANINHAS TÊM DOIS PARES DE ASAS, UM SOBRE O OUTRO. AS ASAS DE CIMA SÃO DURAS E COLORIDAS. AS DE BAIXO SÃO FLEXÍVEIS E TRANSPARENTES.

Alguns tipos de joaninhas se alimentam de folhas e podem destruir plantações. Outras, no entanto, comem pulgões, insetos que sugam as plantas.

Barrett MacKay/Keystone

ARCO/Meul J/Keystone

As joaninhas se reproduzem na época mais quente do ano. Os machos e as fêmeas são muito parecidos.

Alex Wild/Visuals Unlimited/Corbis/LatinStock

N A Callow/Robert Harding/Latinstock

Minden Pictures/Latinstock

DEPOIS DO ACASALAMENTO, AS FÊMEAS BOTAM SEUS OVINHOS NO LADO DE BAIXO DAS FOLHAS. ASSIM, ELES FICAM MAIS ESCONDIDOS.

Arco/Meul J/Keystone

Donald-Specker/Keystone

APÓS UMA SEMANA, VEJAM O QUE ACONTECE... NASCEM AS LARVINHAS, QUE SÃO MUITO DIFERENTES DOS INSETOS ADULTOS.

Arco/J Meul/Keystone

AS LARVAS PASSAM ALGUMAS SEMANAS COMENDO BASTANTE. ALGUMAS SE ALIMENTAM DE FOLHAS E OUTRAS SE ALIMENTAM DE PULGÕES.

Um dia elas param de comer e se penduram numa folha ou num raminho. Então, formam uma pele bem dura e ficam imóveis. É a fase de pupa.

DR Jeremy Burgess/SPL/LatinStock

Nigel Downer/Keystone

Diomedia

NO INTERIOR DAS PUPAS ACONTECE UMA GRANDE TRANSFORMAÇÃO. AS LARVAS MUDAM DE FORMA E SE TORNAM ADULTAS.

QUANDO A JOANINHA SAI DA PUPA, SUAS ASAS SÃO CLARAS E BEM MOLES. PARA PODER VOAR, É PRECISO QUE SUAS ASAS SEQUEM.

ALGUMAS HORAS DEPOIS, A JOANINHA ESTÁ PRONTA PARA ACASALAR E DAR INÍCIO A OUTRO CICLO DE VIDA.

Steve Graser/Visuals Unlimited/Corbis/LatinStock

E COMEÇA TUDO DE NOVO...

Meu nome é Suzana Facchini Granato.
Sou bióloga e professora.
Nasci e vivo em São Paulo, mas adoro fugir daqui para lugares onde haja uma natureza vibrante e muito bicho.
Nosso planeta, a Terra, está precisando de gente que cuide dela com mais carinho! Para isso, é preciso conhecer melhor seus ambientes e os seres que neles vivem.
Eu e a Neide já escrevemos muitos livros juntas.
Esperamos, com isso, mostrar para vocês, crianças, como a natureza é linda e merece ser cuidada.
Tomara que vocês gostem deste livro!

Oliver Moretto/Studio Foto Sol

Sou Neide Simões de Mattos, professora aposentada.
Estudei Biologia para conhecer melhor o que existe na natureza e como ela funciona.
Continuo estudando e aprendendo cada vez mais.
Gosto de escrever para mostrar a vocês o que sei e como é importante esse conhecimento.
Dependemos do nosso ambiente natural e de todos os seres que nele existem.
Espero que vocês não só apreciem a natureza, mas se tornem, também, protetores dela.